Josef Duschl
Heinz Kapfinger

BAD GRIESBACH

Neue Presse Verlags-GmbH, Passau

Impressum:

Alle Fotos Heinz Kapfinger
Die Angaben der Öffnungszeiten sind ohne Gewähr.
ISBN 3-994484-76-7
1. Auflage 1994

Gesamtherstellung: Neue Presse Druckservice-GmbH, Passau

Die Geschichte Griesbachs

Erste Erwähnung seit dem 11. Jahrhundert

Seit dem 11. Jh. wird Griesbach erstmals urkundlich erwähnt. 1076 übergibt Bischof Altmann von Passau dem Vornbacher Grafen Heinrich II. 12 Weinberge in Reutern in der Nähe seiner Burg Griesbach. Eine wechselvolle Geschichte begleitete den Ort. So stieg Graf Rapoto II. zum Pfalzgrafen auf und wurde von Kaiser Friedrich Barbarossa zum Ritter geschlagen. Im Jahre 1277 wurde die Burg Sitz eines herzoglichen Pflegegerichts. Von zwei Zerstörungen der Burg 1077 (durch Heinrich IV.) und 1807 (Brandunglück) wird berichtet. Das Schloß Griesbach beherbergt nach einer wechselvollen Geschichte Amtsräume bzw. dient anderem Zweck. Im Niederbayerischen Erbfolgekrieg 1504 wurde der Markt Griesbach niedergebrannt, ebenso brachten der spanische und österreichische Erbfolgekrieg großes Leid über die Bevölkerung von Griesbach. Seit 1875 ist das »Rathaus«, ein Spätrenaissancebau wohl aus dem 17. Jh. im Besitz des Marktes bzw. der Stadt. Die Friedhofskirche St. Michael, wohl einst Schloßkapelle, war bis zum Bezug der Stadtpfarrkirche zur Hl. Familie Pfarrkirche. Die jetzige Pfarrkirche von 1910-12 von den Gebrüdern Rank aus München erbaut, gilt mit ihrem Turm als Wahrzeichen der Stadt. Sehenswert ist der weitläufige Stadtplatz von Griesbach, auf dem das alljährliche »Lampionfest« stattfindet. Griesbach war auch die Heimat des Rokokobildhauers Wenzel Jorhan, eine Tafel am Geburtshaus erinnert noch an ihn.
In der Pfarrkirche ist die lebensgroße Figur des hl. Johannes Nepomuk, das einzige seiner Heimatstadt erhaltene Kunstwerk.

Herzogliches Pflegegericht

Pfarrkirche Wahrzeichen der Stadt

Heimat des Rokokobildhauers Wenzel Jorhan

Die Entstehung »Bad« Griesbachs

Griesbach drohte durch die Gebietsreform in den Dornröschenschlaf zu fallen.
Seit aber die Familie Hartl 1972 im Ortsteil Schwaim bei Bohrungen auf Thermalwasser gestoßen ist, ist aus dem beschaulichen Ort ein Übernachtungsmillionär geworden (1993 rund 1,3 Mio.). Das Thermal und Golf Ressort hat den Leitspruch gemäß »Die Natur und der Mensch haben Vorfahrt« seit 1977 den Kurbetrieb kontinuierlich expandieren lassen, dabei aber immer auf einen schonenden Umgang mit der Umwelt geachtet. So ist Bad Griesbach quasi autofrei. Die Gebäude am bäuerlichen Stil der Rottaler Vierkanthöfe angelehnt harmonieren mit der Natur, die hier noch in Ordnung ist. Ein weiterer Grundsatz galt für die Planer und Initiatoren von Bad Griesbach: »Wir wollen nicht der größte Ort werden für Thermal und Golf, aber der beste.«

Thermal- und Golf Ressort

»Die Natur und der Mensch haben Vorfahrt«.

»Wir wollen nicht der größte aber der beste sein«

In Bad Griesbach findet der Gast First-class-Hotels genauso wie Mittelklassehotels oder Appartementhäuser. In vielen Hotels ist das

Thermalwasser gleichsam vor der Zimmertür (direkt aus den Heilquellen mit Tiefbrunnenpumpen vor Ort gepumpt).
Zur großen kommunalen Therme führen aber auch aus vielen umliegenden Häusern die sog. beheizten »Bademantelgänge«.
Waren 1977 gerade 72381 Übernachtungen in Griesbach gezählt worden, so wuchs die Zahl in den letzten Jahren kontinuierlich, so daß 1990 die Million voll war.
Tendenz weiterhin steigend.
Seit 1985 trägt der Kurort den offiziellen Titel »Bad«.
In seiner Art einzigartig dürfte das original Türkische Bad werden, das im Rahmen der Erweiterung des Kurmittelhauses errichtet wird.

Seit 1985 »Bad«

1990 eine Million Übernachtungen

»HAMAM« Original Türkisches Bad

Die Heilkraft des Wassers

Alles Gute kommt von unten. In Bad Griesbach liefern drei Quellen, die Nikolausquelle (60°C), die Karlsquelle (30°C) und die Marienquelle (35°C) das heilende Wasser.
Analysiert werden die Quellen als: fluoridhaltige Natrium-Hydrogen-Carbonat-Chlorid-Quellen, denen täglich 576 000 Liter Wasser entnommen werden.

Heilanzeigen:
Chronisch entzündliche rheumatische Erkrankungen, deformierende Wirbelsäulenerkrankungen, Weichteilrheumatismus, Zustände nach Operationen und Verletzungen am Bewegungsapparat.

Als Gegenanzeigen gelten:
u. a. alle Formen der Herzinsuffizienz, infektiöse Krankheiten, ansteckende Hautkrankheiten....
Trinkkur: Heilanzeigen bei Knochenentkalkung (Osteoporose), Altersatropie des Knochenskeletts (Trinken nur auf ärztliche Verordnung)
Für die heilende Wirkung des warmen Wassers stehen dem Besucher in Bad Griesbach 12 Innenbecken auf 1280 qm, 8 Außenbecken mit 1330 qm und 8 Heißwasserbecken mit 127 qm also insgesamt 2740 qm Wasserfläche zur Verfügung. In 12 Saunen und 11 Ruheräumen mit 1000 qm sowie 6 Fitneßräumen finden die Besucher Erholung und Regeneration. Erwähnenswert ist auch, daß die Griesbacher Thermen den höchsten Fluorgehalt in Europa haben.

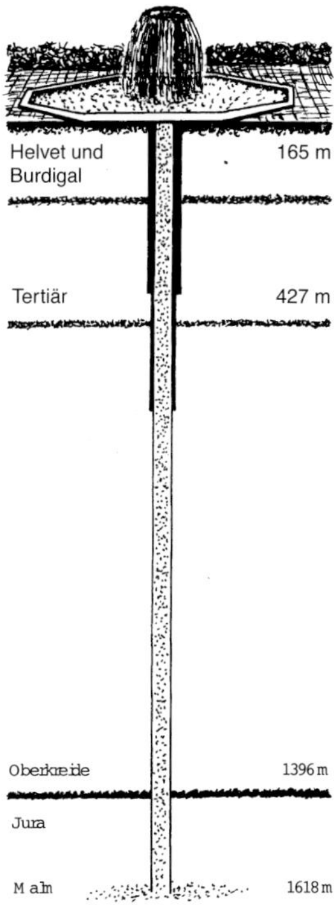

Rund um den Kurplatz: Kursaal, Tennis, Minigolf, Stockbahn, Wassertretbecken, Boccia, Pavillon, Kapelle, Kurpark . . .

Das Angebot im Thermal und Golf Ressort ist vielfältig. Ob beim Tennisspielen, Radfahren, Reiten, Schwimmen, Joggen, Kegeln, Minigolf, Boccia, Wandern (120 km Wanderwege) oder Golfen - Spaß, Natur und Erholung sind hier immer großgeschrieben. Wer Griesbach und das Rottal einmal aus der Vogelperspektive sehen möchte, der kann das aus dem Korbe eines 38 m hohen Heißluftballons, beschaulich ist natürlich auch eine Fahrt mit der Pferdekutsche.

Bad Griesbach hat viel zu bieten

Golf

Alle Golffreunde, Könner und Anfänger, sind in Bad Griesbach herzlich willkommen. Hier befindet sich auch das »Nationale Leistungszentrum des Deutschen Golf-Verbandes (DGV)«. Auf einer Fläche von 2.25 Millionen qm ist ein Paradies für Golfer entstanden, es gibt u.a.: drei 18-Loch-Meisterschaftsplätze, drei 9-Loch-Plätze, die 6-Loch »Hackerwiese«, ein Golfodrom mit unbegrenzten Übungsmöglichkeiten bei jedem Wetter, 89 überdachte Übungsplätze, davon 21 beheizbar für das Wintertraining und ein 72-Loch-Puttinggreen im Freien...
Natürlich gibt es hier auch eine Golfschule. Die Zukunft wird den Golfspielern noch drei weitere Meisterschaftsplätze (von Bernhard Langer geplant und designed) bescheren. Ab 1997 stehen dann 165 interessante Spielbahnen zur Verfügung. Erquickung finden Sie in der Golf-Gastronomie in Gutshof Uttlau, Gutshof Sagmühle, Gutsstüberl »Holzmichl«.

Nationales Leistungszentrum des Deutschen Golf-Verbandes

Für Anfänger und Könner

Golf der Superlative

Chronologie zu (Bad) Griesbach

ca. 900	Burg
1076	erstmals urkundlich erwähnt
1370	Marktrechte verliehen
1953	Stadterhebung
1969	Staatl. anerkannter Erholungsort
1972/73	Thermalwasserbohrungen
1973 (6.Dez.)	Nikolausquelle (1522 m tief 60°C)
1975/76	Baubeginn des Thermalzentrums
1977	Kommunales Kurmittelhaus wird eröffnet
1979	Staatl. Anerkennung als Heilquellenkurbetrieb
1981	Kursaal wird eröffnet
1985	Das Thermalzentrum wird »Bad«
1988	Golfplatz Sagmühle (18-Loch) und Ballonhafen eröffnet
1990	1 Mio. Übernachtungen
1991	Eröffnung »Steigenberger Golf Ressort«
1993	1,3 Mio. Übernachtungen
1995	Erweiterung des Golfodroms
1995	Original Türkisches Bad »HAMAM«

Das Rottal – eine alte Kulturlandschaft

Durch Jahrmillionen ist es die Rott gewesen, die diese Landschaft in all ihrer Vielfältigkeit geschaffen hat. Sie entspringt westlich von Neumarkt-St. Veit und mündet bei Neuhaus in den Inn.
Der Name der Rott geht auf eine über tausendjährige Sage zurück. So wird berichtet,

Eine alte Sage erzählt, wie die Rott ihren Namen erhielt und die Rottaler zum Pferd kamen

daß 907 die Ungarn wieder einmal über Bayern hergefallen sind. Beim Rückzug durch das Rottal wollten sie bei Schärding den Inn überqueren. Mit den geraubten Schätzen schwer beladen, kamen sie nur langsam vorwärts. Das wußte der bayerische Herzog zu nutzen. Immer wieder attackierte er den Feind in der Inn-Rott-Ebene. Zwischen Pocking und Schärding gelang ihm der entscheidende Überfall. Nur wenige Ungarn entkamen. Die Bayern warfen die Leichen der Erschlagenen in den Fluß, so daß dieser sich rot färbte. Seitdem trägt der Fluß den Namen Rott. Zur Beute der Bayern gehörten viele Pferde. Sie bildeten den Grundstock für die weitum bekannte und berühmte Rottaler Pferdezucht.
Am Rande des Tales der Rott siedelten sich, wie archäologische Funde beweisen, schon früh Menschen an. Es waren wohl die gefürchteten Hochwasser, aber auch die blutsaugenden Insekten im Sommer, die die Menschen davon abhielten, sich direkt am Fluß anzusiedeln. So ist es verständlich, daß zum Rottal auch die anschließenden Höhenzüge gezählt werden. Mächtige Höfe zeugen heute noch von bäuerlicher Vergangenheit. Wenn für das Rottal und die Menschen, die dort lebten und leben, etwas als typisch gilt, so sind es die Liebe zu den Pferden und die Volksfrömmigkeit, besonders die Marienverehrung, die viele Wallfahrten entstehen ließ. Roß und Rottal gehören zusammen. Wenngleich die Motorisierung den Pferdebestand auch im Rottal stark zurückgehen ließ, hat der Rottaler nie ganz Abschied vom Pferd genommen. Heute erfreut sich das Pferd im Freizeitbereich wieder großer Beliebtheit. Auf der Trabrennbahn in Pfarrkirchen, bei den Leonhardiritten in Grongörgen, Aigen oder Schildthurn oder beim Kapfhamer Fest, der Rottaler zeigt seine Pferde gerne und voller Stolz her.

Ein alter Spruch:
»Im Rottal sind des
Bauern Stolz
die schönen Rösser,
s'Feld und s'Holz.
Doch willst du's Haupt-
vergnügen kennen,
so nenn ich dir
das Pferderennen«.

Zur schönsten Marienkirche Bayerns

Aldersbach

Von Griesbach über Haarbach nach Aidenbach weiter nach Aldersbach.

Anfahrt ca.

22 km

1146 rief der Bamberger Bischof Egilbert zwölf Zisterziensermönche aus Ebrach im Steigerwald nach Aldersbach. Die widrigen Bodenverhältnisse bedurften fachkundiger Bewirtschaftung, darauf verstand sich der Zisterzienserorden.
Drei Tochtergründungen, Kloster Fürstenfeldbruck, Kloster Fürstenzell und Kloster Gotteszell sprechen für die tüchtigen Aldersbacher Mönche. Wirtschaftlich wie wissenschaftlich erlangte das Kloster große Bedeutung. Die Zisterzienserabtei gehört zu den wenigen Klöstern, die weder durch Brand noch durch Krieg zerstört wurden. Eine rege Bautätigkeit begann in der Barockzeit. 1720 wurde Domenico Magazini mit dem Bau des Langhauses der Abteikirche betraut. Zur beeindruckenden Ausschmückung konnte Abt Theobald die Brüder Cosmas Damian und Egid Quirin Asam gewinnen. Weitere namhafte Künstler wie Joseph Deutschmann, der die Kanzel schuf, oder Matthias Götz, von dem der Hochaltar stammt, trugen ihr Können zu dem herrlichen Sakralbau bei.

Ehemaliges Zisterzienserkloster
Schönste Marienkirche Bayerns
Baumeister:
Domenico Magazini
Künstler:
Cosmas Damian und Egid Quirin Asam
Joseph Deutschmann
Matthias Götz

Kirchen- und Brauereiführung:
Treffpunkt Brauerei
Sommer April-Okt.
Mo.-Do. tägl. 14.30 Uhr
Winter Nov.-März
Mo. u. Mi. 14.30 Uhr

Bräustüberl: geöffnet
Mo.-Fr. ab 15.00 Uhr

Mit der Säkularisation nahm 1803 das blühende Klosterleben sein Ende. Die Klostergebäude kamen durch Verwertung (1811) zum größten Teil in Besitz der Familie Aretin. Heute noch unterhält diese dort eine der ältesten Brauereien Bayerns. Die bekannten Aldersbacher Biere gibt es im sog. »Bräustüberl«, einem urigen Schanklokal, in das Sie Ihre Brotzeit selbst mitbringen müssen bzw. dürfen. Ein Besuch im Brauereimuseum ist immer lohnenswert. Zahlreiche Braugegenstände, auch noch aus der Zeit als Mönche das Bier brauten, sind zu sehen. Wer Kaffee und Kuchen oder eine ordentliche Brotzeit bevorzugt, findet neben der Portenkapelle ein gutgeführtes Gasthaus.
Aidenbach und Aldersbach zählen zu den bedeutendsten Holzschnitzerorten Deutschlands. Vielleicht schauen Sie mal einem der Künstler über die Schulter.

Brauereisouveniershop und Museum
Öffnungszeiten:
Sommer April-Okt.
Mo.-Fr. 14.00-18.00 Uhr
Sa. 10.00-12.00 Uhr
Winter Nov.-März
Mo.-Fr. 14.00-17.00 Uhr
Sa. 10.00-12.00 Uhr

Klosterladen

Süddeutschlands bedeutendster Wallfahrtsort

Altötting

Von Griesbach auf der B 388 Richtung Pfarrkirchen - Eggenfelden -Reischach Neuötting nach Altötting (gut ausgeschildert).

Anfahrt ca.

62 km

Altötting das »Herz Bayerns«

Altötting bezeichnet sich gerne als Herz Bayerns. Seine Lage zwischen Inn, Alz und Salzach ließ schon vor über einem Jahrtausend die bayerischen Herzöge ihre bedeutendste Nebenresidenz errichten. Seit über 1200 Jahren begegnen sich hier Geschichte, Kultur und Religion. Altötting war einst Residenzstätte und Pfalz der bayerischen Agilolfinger Herzöge des 8. Jh. und karolingischer Könige und Kaiser des 9. Jh. Hier soll der Sage nach der Missions-Bischof Rupertus von Salzburg den ersten christlichen Bayernherzog und damit das ganze Volk getauft haben.
Seit über 500 Jahren ist Altötting Wallfahrtsort. Als 1489 vor dem Gnadenbild der schwarzen Madonna ein ertrunkenes Kind wieder zum Leben kam begann eine bis heute andauernde Wallfahrt zur schwarzen Madonna, aus Bayern, sogar aus aller Welt. Ungezählte Votivtafeln sind Zeugen der Glau-

benskraft an die Mutter Gottes. Die uralte Gnadenkapelle ist Ziel eines jeden Altöttingpilgers. Der weitläufige Kapellplatz mit den Kirchen und Profangebäuden, aus den verschiedensten Epochen der Kunstgeschichte, lassen ihn als einen der schönsten in Deutschland gelten. Neben der Gnadenkapelle gibt es noch weitere Sehenswürdigkeiten: Wie das Wallfahrtsmuseum, die Stiftskirche und Schatzkammer, die Tilly-Kapelle mit Gruft oder die Basilika. Sehenswert ist aber auch das berühmte Panorama, die Kreuzigung Christi, das Professor Gebhard Fugel zu Beginn dieses Jahrhunderts geschaffen hat. Die Geschichte der Wallfahrt wird in der sog. »Schau« des Altöttinger Marienwerks gezeigt.
Zum Altöttingbesuch gehört es auch, daß Sie den »Tod von Altötting« gesehen haben, den Sensenmann in der Stiftskirche, der an die Vergänglichkeit des Lebens erinnert.
500 Jahre Wallfahrtsbetrieb haben viele Devotionalienhändler rund um den Kapellplatz ansässig werden lassen, aber auch für die leibliche Stärkung ist in Altötting gesorgt.

Einst bedeutende Nebenresidenz der bayerischen Herzöge

Seit über 500 Jahren Marienwallfahrtsort

Öffnungszeiten:
Heimatmuseum: Mo. geschl.
Di.-Fr. 14.00-16.00 Uhr
Sa. 10.00-12.00 und
14.00-16.00 Uhr
So. 10.00-12.00 und
13.00-15.00 Uhr

Schatzkammer in der Saison
10.00-12.00 Uhr und
14.00-16.00 Uhr

Marienwerk Marienfilm
11.00 u. 14.00 Uhr
Bruder-Konrad-Film 13.00 Uhr

Panorama April - Oktober
Mo.-Fr. 9.00-17.00 Uhr
Sa., So. u. Feiertag
8.00-18.00 Uhr

Die Schau
Mai - Oktober:
Täglich von 14.00 - 16.00 Uhr

Einzige bedeutende frühklassizistische Kirche Altbayerns

Asbach

Anfahrt ca.

6 km

Von Griesbach Richtung Rotthalmünster Abzweigung Asbach.

Ehemaliges Benediktinerkloster mit schöner Kirche

Künstler: Francois de Cuvillie d. J., Joseph Deutschmann, Martin Johann Schmidt, Joseph Schöpf

Christina von Asbach und Bischof Otto von Bamberg riefen 1090 zwölf Benediktiner an den Ort. Zu den aufregendsten Tagen der bewegten Klostergeschichte gehörte sicher die ägyptische Plage. 1348 fielen riesige Heuschreckenschwärme in der Gegend um Asbach ein und fraßen alles kahl, eine große Hungersnot folgte.
Unter Abt Rupert Feigele (Viola) III. (1775-1787) wurde die jetzige Klosterkirche erbaut. Die Trauerfeierlichkeiten anläßlich seines Todes waren, wie das Schicksal es wollte, die ersten heiligen Handlungen in dem eben fertiggestellten Gotteshaus.
Erst viele Jahre später gelang der Nachweis, daß kein Geringerer als François de Cuvilliés d. J. (1698-1777) der Architekt der Kirche war. Hervorragende Künstler wie Joseph Deutschmann (Altarplastiken, Tabernakel, Kanzel), Martin Johann Schmidt (Altarbild, Medaillons über den Beichtstühlen) und Joseph Schöpf aus Tirol (Deckenbild) schufen die einzige bedeutende frühklassizistische Kirche Altbayerns. Asbach wurde wie andere

Klöster 1803 im Zuge der Säkularisation aufgelöst. Heute ist in einem Teil der ehemaligen Klostergebäude ein Zweigmuseum des Bayerischen Nationalmuseums untergebracht. Hier finden Sie neben Sonderausstellungen eine Sammlung schöner niederbayerischer Bauernmöbel (1780-1850), Gebrauchsgegenstände aus Schmiedeeisen und Abgüsse von Skulpturen des Mittelalters und der beginnenden Neuzeit.
Nach soviel Kultur finden Sie Rast, Erholung und Stärkung im Hotel Klosterhof, im Sommer ist hier auch Biergartenbetrieb.

Zweigmuseum des Bayerischen Nationalmuseums

Öffnungszeiten:
1. März bis 31. Okt. tägl. außer Montag von 10.00 bis 16.30 Uhr

Provinz mit Pfiff

Eggenfelden

Anfahrt ca.

39 km

Von Griesbach auf der B 388 Richtung Pfarrkirchen nach Eggenfelden.

Inmitten des Niederbayerischen Hügellandes liegt am Oberlauf der Rott die Stadt Eggenfelden. Urkundlich erstmals 1120 belegt, als nämlich die Gräfin Adelheit von Sulzbach dem Kloster Bamberg bei Trostberg ein Landgut namens »etinvelt« schenkt. Unter den Wittelsbachern erfolgte der Ausbau des Edelsitzes, nun »Ecknfeld«, später Eggenfelden .Wohl um 1300 zum Markt erhoben 1902 war Stadterhebung. Vermutlich um 1255 gab

1120 Erste urkundliche Benennung

1300 Marktgründung

Gotische Pfarrkirche St. Nikolaus und St. Stephan Baumeister: Stephan Krumenauer

Bewundernswert: Krönung Mariens

es schon ein »Amt« in Eggenfelden, schon 1335 durften die Bewohner sich »Bürger« nennen. Hier machte am 19. Okt. 1803 Napoleon Bonaparte auf einer Durchreise im alten Gasthaus zur Post Rast.
Sehenswert in Eggenfelden, das Grabmeier-Tor aus dem Jahre 1492. Die Stadtpfarrkirche, Baubeginn wohl zwischen 1398 und 1414, wird aus stilistischen Gründen dem Baumeister Stephan Krumenauer zugeordnet. Die dreischiffige Kirche wurde im letzten Jahrhundert neugotisch ausgestaltet. Im qualitätvollen Hochaltar, entworfen von Paul Weiß, ausgeführt von Michael Mayer (beide Landshut), befinden sich die spätgotischen Figuren der Kirchenpatrone St. Stephan und St. Nikolaus (um 1510). Beeindruckend die Krönung Mariens, spätgotisch 1500, Fassung aus dem 19. Jh.
Das Monumentalkreuz an der Südwand entstand ebenfalls um 1500.
Kultureller Mittelpunkt der Stadt ist das Theater an der Rott (500 Sitzplätze).
Weitere Sehenswürdigkeiten: Landshuter Tor, St. Anna Kapelle mit Fresken aus der Zeit der Spätgotik und des Mauerismus, Stadtplatz, Barockkirche St. Sebastian, gotische Spitalkirche, idyllische Hofmark Gern mit der altehrwürdigen Schloßkirche.
Gastlichkeit am Ort.

Kultureller Mittelpunkt: Theater an der Rott, einziges landkreiseigenes Theater Deutschlands Programm zu erfragen unter Tel. 08721/8181

Zu einer der schönsten Bibliotheken Süddeutschlands

Fürstenzell

Von Griesbach - nach Fürstenzell (ausgeschildert)

Anfahrt ca.

13 km

Kloster mit Klosterkirche und eine der schönsten Bibliotheken Süddeutschlands

Hier spüren Sie schon von Weitem die klösterliche Tradition. Seit 1274 Zisterzienser-Mönche aus Aldersbach hierher kamen, begann eine bewegte Klostergeschichte, Brandschatzungen, Zerstörung wie im Landshuter Erbfolgekrieg, Pest oder Säkularisation vermochten die Klostergeschichte zwar zu unterbrechen aber nie zu beenden. Heute leben hier Maristen-Patres und setzen eine alte Tradition fort.
Johann Michael Fischer aus München zeichnete, nach anfänglichen Schwierigkeiten, die Pläne der heutigen Klosterkirche, die heute als eine der bedeutendsten Schöpfungen des kirchlichen Rokoko gilt. Hier waren Künstler wie der Stukkateur Johann Modler aus Köss-

larn, der Freskenmaler Jakob Zeiler aus Reutte in Tirol oder der Münchner Baumeister Joh. B. Straub tätig.
Unbedingtes »Muß« ist in Fürstenzell aber auch der Besuch der Klosterbibliothek, gilt sie doch als eine der schönsten in Süddeutschland. Abt Otto Prasser ließ sie errichten. Als im Zuge der Säkularisation das Kloster an einen Schärdinger Brauereibesitzer verkauft wurde schenkte man ihr keine Bedeutung. Erst als 1930 die Maristenpatres Einzug hielten erwachte sie aus dem Dornröschenschlaf und erfreut durch ihren Anmut heute jeden Besucher.
Nach soviel Kultur finden Sie sicher in einem der Gasthäuser am Marktplatz Ruhe und Erquickung.

Künstler u. a. Johann Michael Fischer, Joh. Bapt. Modler, Jakob Zeiler

Öffnungszeiten der Bibliothek:
15. März-15. Nov.
außer Sonn- und Feiertagen täglich um 15.00 Uhr Führung, sonst auf Anfrage oder Anmeldung an der Pforte

Niederbayerisches Kleinod der Spätgotik

Grongörgen

Von Griesbach Richtung Haarbach - Abzweigung Grongörgen.

Anfahrt ca.

9 km

Im schönen Wolfachtal steht die Wallfahrtskirche Grongörgen, die dem »Idealpapst« Gregor dem Großen und dem Hl. Leonhard geweiht ist. Gregor gilt auch als Namensgeber, Großer Gregor - volkstümlich - Grongörgen. Es ist übrigens die einzige Wallfahrtskirche in Deutschland, die dem großen Kirchlehrer geweiht ist. Wie die Wallfahrt entstanden ist, läßt sich heute nicht mehr nachvollziehen. Von der Südseite her führt der Weg

Einzige Wallfahrtskirche in Deutschland, die dem Kirchenlehrer Papst Gregor dem Großen geweiht ist

Originale Wandmalereien

durch das anmutende Tuffsteinportal und die mächtige schmiedeeiserne Eingangstür in den Kirchenraum. Die original gotischen Glasfenster beeindrucken noch heute jeden Besucher. Das feingegliederte Rippengewölbe aus deren Kreuzungen üppiges Rankwerk wuchert, sind ebenso wie die übrigen Wandmalereien in ihrer ursprünglichen Form und Farbe erhalten.
Seit im 18. Jh. die Leonhardiverehrung immer mehr zunahm, hat Grongörgen einen der bedeutendsten Pferdeumritte in Niederbayern. Alljährlich wiederholt sich nun das bunte Schauspiel um den 6. November. Ein Besuch in der Wallfahrtskirche zum Kirchlichen Erneuerer, Gregor dem Großen und zum Hüter unserer Natur, Leonhard bleibt aber auch so ein beeindruckendes Erlebnis.

Alljährlicher Leonhardiritt

Und wenn der große Hunger kommt

Holzham

Anfahrt ca. **7 km**

Von Bad Griesbach auf der B 388 Richtung Pfarrkirchen Abzweigung Holzham.
Im Landgasthof Winbeck fühlen Sie sich wie »Zuhause«. Reichhaltige Speisenkarte, gepflegte Getränke.

Am Krokodilsfelsen vorbei zum

Hölzlberg

Anfahrt ca. **28 km**

Von Griesbach auf der B 388 Richtung Pfarrkirchen - vor Brombach Abzweigung Anzenkirchen über Lengsham Richtung Asenham nach Hölzlberg.

Das landschaftlich herrlich gelegene Hölzlberg läßt jeden Besucher aufatmen und die Stille der umgebenden Wälder genießen. Schon bei der Anfahrt haben Sie einen herrlichen Ausblick auf das Rottal und Bad Birnbach.
Das Langhaus der Wallfahrtskirche St. Georg ist im Kern romanisch, der Chor gotisch (1400), der Turm mit der Zwiebelkuppel im Aufsatz barock. 1963 wurden Fresken aus dem 15. und 16. Jh. freigelegt. Der Hochaltar mit dem hl. Georg ist ansprechender Bauernbarock. Zwischen Weinberg und Hahnöd ragt, auf Asenham hin gelegen, der Krokodilsfelsen aus der Erde, ein Stein, der mit ein wenig Phantasie gesehen, einem Krokodilskopf ähnelt.
Tip: Rückfahrt über Steinberg zum Rottaler Bienenhof. Hier treffen Sie auf gepflegte Gastlichkeit und einen Lehrpfad für Bienen und Waldameisen. Außerdem können Sie hier orginal Rottaler Bienenhonig kaufen.

Krokodilsfelsen

Still und beschaulich gelegenes Wallfahrtskirchlein

Rückfahrt über den Rottaler Bienenhof Lehrpfad für Bienen und Waldameisen

tägl. 11.00-22.00 Uhr Oktober bis März geschlossen

Zur Silbermadonna nach

Kößlarn

Von Griesbach nach Rotthalmünster Abzweigung Kößlarn (ausgeschildert).

Anfahrt ca.

15 km

Die Legende erzählt, daß der jagende Graf von Ortenburg in einem Wacholderbusch ein hölzernes Marienbild gefunden habe. Kurz darauf wurde der todkranke Kößlbauer durch das Bild geheilt. So entstand 1364 die älteste und berühmteste Marienwallfahrt des bayerischen Unterlandes. Die kleine Steinkirche aus der Zeit um 1400 wurde bald durch eine größere ersetzt. Im Laufe der Zeit entstand ein heute seltenes Beispiel einer mittelalterlichen Wehrkirche mit entsprechender Befestigungsanlage. Durch die aufkommende Wallfahrt wurden die Kösslarner immer reicher. Zu ihrem Schutz begannen sie 1461 mit dem Bau der bis heute erhaltenen Befestigungsanlage.
Die Kirche besitzt einen prächtigen spätgotischen Innenraum. Die Zwischenräume der Rippenfigurationen sind mit schwungvollem Rankenwerk ausgemalen. Der Hochaltar (1708) ist eine Arbeit von Michael Jörg aus Kößlarn. Die geschnitzten Figuren sind von Thomas Stöger aus Pfarrkirchen. Die Gemälde malte Johann Paul aus Altötting. Der Tabernakel wird Joseph Deutschmann zugerechnet. In der Kirche, im Turm, befinden sich sicher verwahrt Votivbilder, die berühmte Silbermadonna, eine Goldschmiedearbeit des Passauers Balthasar Waltenberger aus dem Jahre 1488, sowie der gotische Palmesel, ebenfalls von 1488.
Gaststätten befinden sich am Ort, u. a. wird beim Weißbräu noch selbst gebraut.

Einzige Wehrkirche Niederbayerns

Älteste und einst berühmteste Marienwallfahrt des bayerischen Unterlandes

Spätgotische Kirche, prachtvolle Ausgestaltung

Kösslarner Silbermadonna (1488)

Gotischer Palmesel (1488)

Weithin ins Land grüßt

Langwinkl

Von Griesbach Richtung Rotthalmünster bei Karpfham Abzweigung nach Bayerbach - Langwinkl.

Anfahrt ca.

9 km

Hier soll während des Dreißigjährigen Krieges ein stummer Schmiedesohn aus Salzburg das Bild, »Mariae Heimsuchung«, gefunden haben. Mehrmals pilgerte er nach Passau Mariahilf und Heilung trat ein. Zum Dank ließ er eine Holzkapelle (1958 abgerissen) errichten, neben dieser entstand Mitte des 17. Jh. das barocke Kleinod, das 1686 geweiht wurde.
Bartholomeo Viscardi aus Graubünden gilt als Baumeister, von Battista Carlone und

Paolo `d' Aglio sind die Stuckarbeiten. Die Künstler, die bereits im Passauer Dom und im nahegelegenen Gartlberg bei Pfarrkirchen tätig waren, hinterließen hier ihre unverkennbare Handschrift. Der Hochaltar mit den zwei mächtigen Stucksäulen zeigt zur linken Seite den hl. Leonhard und zur rechten den hl. Antonius.
Der rechte Seitenaltar entstand bereits in der Form des Frührokokos um 1730. Heute ist Langwinkl eine beliebte Hochzeitskirche.
Auf dem Rückweg finden Sie Stärkung in Bayerbachs Gaststätten.

Wallfahrtskirche Mariä Heimsuchung

Zum Freilicht- und Hummelmuseum

Massing

Von Griesbach auf der B 388 nach Pfarrkirchen - Eggenfelden - Richtung Gangkofen nach Massing (hier auf die Ausschilderung »Freilichtmuseum« achten).

Anfahrt ca.

48 km

Der schöne Marktplatz in Massing ist eine Anlage der Wittelsbacher (frühes 14. Jh.). Hier steht auch das Hummel-Anwesen, die Heimat der Berta Hummel, Schöpferin der weltbekannten Hummel-Figuren. Im nach ihr benannten Museum sehen Sie Bilder und frühe Werke, Figuren vor 1945 und Sonderfiguren.

Massing: Berta-Hummel Museum

ganzjährig geöffnet
Mo.-Sa. 9.00-17.00 Uhr
So. 10.00-17.00 Uhr

Im niederbayerischen Bauernhofmuseum, Freilichtmuseum, wird darauf geachtet, daß die bäuerliche Kultur, die gerade auch dem Rottal eigen ist, der Nachwelt erhalten bleibt. Begonnen hat das Ganze mit dem Bemühen, den Schusteröderhof (erbaut 1770), eines der schönsten noch erhaltenen Stockhäuser des Landkreises, vor dem Verfall zu retten. Von 1966 bis 1969 wurde er auf dem jetzigen Platz, 3 km vom ursprünglichen Standort entfernt, wiederaufgebaut.
Im ehemaligen Getreidekasten aus Aich bei Hörbering, Lkr. Mühldorf, erbaut 1777, abgebrochen 1966 und bis 1969 in veränderter Form wiederaufgebaut, befindet sich jetzt die Museumsgaststätte.
Ob das Hirtenhaus, der Kochhof, der Heilmeierhof, die Mühle oder die Marxensölde, ein Besuch im Massinger Freilichtmuseum lohnt allemal. Weithin bekannt sind mittlerweile auch die Massinger Brauchtumsfeste wie: Massinger Sonnwend (Ende Juni), Massinger Arndtbier (Mitte August) oder Massinger Kirta (Mitte Oktober). Jeden Mittwoch wird der alte gemauerte Backofen angeheizt, da duftet es nach frischem Brot, das auch zum Verkauf angeboten wird (ab 14 Uhr).
Jeden Dienstagnachmittag sind zwischen 13 und 16 Uhr Drechselvorführungen.

Einkaufen:
Hummelfiguren,
-karten, -bilder,..

Freilichtmuseum

geöffnet:
April - Sept. 9.00-18.00 Uhr
März u. Oktober
9.00-17.00 Uhr
November 12.00-16.00 Uhr
Dezember, Januar, Februar und montags außer an Feiertagen geschlossen.
Hinweis: Gemeinsame ermäßigte Eintrittskarte für beide Museen.

Ausflug ins tausendjährige

Obernberg a. Inn

Von Bad Griesbach über Rotthalmünster - Bad Füssing nach Obernberg.

In Obernberg errichteten die Passauer Bischöfe einst einen bedeutenden Salzumschlags- und Handelsplatz, der auf eine über tausendjährige Geschichte zurückblicken kann (gegründet 955).
Wegen seines geschlossenen Ortsbildes und seiner prächtigen Barockbauten (mit herrlichen Stuckfassaden von Johann Baptist Modler) wirbt der Ort mit dem »schönsten Marktplatz Österreichs«.
Inmitten des seit nunmehr 200 Jahren österreichischen Innviertels trifft man hier auf die bayerisch-österreichische Gemütlichkeit. Urige Gaststuben und Heurigenstimmung in schattigen Gastgärten laden zum Verweilen ein. Sehenswert ist das Heimathaus im alten Gurtentor (aus dem 13. Jh.) mit Handwerks- und Zunftgeräten, kostbaren Exponaten aus der Inn-Flößerei und der einstigen Goldwäscherei. In der Pfarrkirche, der einzigen »Abendmahlskirche« Österreichs, befindet sich eine gotische »Anna-selb-dritt«-Darstellung aus dem 15. Jh.
Einen herrlichen Blick ins benachbarte Bayern bieten die Aussichtspunkte: Köpfstätte, Peterl am Berg, Mautnerstiege, Pflegerspitz.

Anfahrt ca.

26 km

Paß nicht vergessen!

»Schönster Marktplatz Österreichs«

Gotische Pfarrkirche

Heimathaus

geöffnet 1. Mai-31. Okt. von 14.00-16.00 Uhr täglich außer Montag und Mittwoch

Aussichtspunkte

Idylle an der Donau

Obernzell

Von Griesbach auf der B 388 über die BAB 3 nach Passau. Am linken Donauufer führt die Staatsstraße B 388 zu dem romantisch gelegenen Erholungsort an der Donau.

Der einst traditionsreiche Markt beeindruckt durch das historische Ortsbild. Die Donauuferpromenade, die Rokokokirche und vor allem das ehemalige Fürstbischöfliche Schloß, heute Keramik-Museum, ein Zweigmuseum des Bayerischen Nationalmuseums laden zum Besuch ein. Hier ließen die Fürstbischöfe von Passau im 15. Jh. ein gotisches Wasserschloß »in der Zell«, errichten. Im 16. Jh. im Renaisance Baustil vollendet, bietet es heute eine umfangreiche Keramikausstellung von der Jungsteinzeit bis in die Gegenwart. Gezeigt werden: Schwarzware, Irdenware, Fayence, Porzellan, Steingut und Steinzeug. Neben Ausstellungstücken aus den altbayerischen Herstellungszentren Kröning, Rottal und Obernzell (früher Hafnerzell, Hafner = Töpfer) findet man Keramik aus Österreich, Böhmen, Franken und dem Westerwald. Ein Besuch in Obernzell lädt zum Spazierengehen, zur Donauschiffahrt oder einer Fährfahrt ins gegenüberliegende Österreich ein. Essen und Trinken können Sie im Gasthof zur Post gegenüber dem Schloß. Von der Gartenterrasse des historischen Gebäudes eines Schiffmeisters aus dem 18. Jh. haben Sie einen herrlichen Ausblick auf das Donautal. Ein Werkseinkauf in einer der Lederfabriken läßt oft so manches Schnäppchen zu.

Anfahrt ca.

48 km

Keramikmuseum im ehemaligen Fürstbischöflichen Schloß

Öffnungszeiten Museum Di.-So. tägl. 10.00-17.00 Uhr außer Mo. von April bis Okt.

Werkseinkauf: Lederwaren

Vielfältiges Ausflugsziel

Ortenburg

Von Griesbach Richtung Vilshofen nach Ortenburg (ausgeschildert).

Ortenburg, im Mostland gelegen, bietet ein vielfältiges Ausflugsprogramm. Ob Schloß- oder Kirchenbesichtigung, Besuch des Wild- oder Vogelparks oder des Aquariums Jaging, zur Obstbaumblüte im Frühling oder zur Erntezeit im Herbst.
Im Wolfachtal liegt das über 900 Jahre alte Ortenburg. Eng ist die Ortsgeschichte mit dem Geschlecht der Ortenburger, das man zu den mächtigsten und angesehensten in Bayern zählte, verbunden. Seit der Reformation vor über vier Jahrhunderten ist der Ort als evangelische Enklave in Bayern bekannt. Mächtig thront die einstige Festung, die Burg über dem Ort. Im Landshuter Erbfolgekrieg 1504 zerstört, wurde sie von 1562 bis 1567 in der heutigen Form durch den Grafen Joachim wiederaufgebaut.

Anfahrt ca.

12 km

Tip: Herrlicher Ausflug mit Kindern

Schloß mit schönster Renaisance-Holzdecke Deutschlands

Heimatmuseum

Wildpark

Vogelpark

Meerwasseraquarium

Sehenswert ist die evangelische Marktkirche. Die uralte katholische Wallfahrtskirche »Zu Unserer Lieben Frau« wurde 1563 (nach der Reformation) evangelisches Gotteshaus und Grablege der Ortenburger Grafen (davon zwei Hochgräber). Durch die Lindenallee (teilweise 300jährige Linden) geht die Fahrt zum Schloß. Das Stammschloß der Grafen von Ortenburg ist in Privatbesitz. In der Schloßkapelle befindet sich die schönste Renaissance-Holzdecke Deutschlands. Das Heimatmuseum ist im Schloß untergebracht. Neben dem Schloß, in der einstigen französischen Gartenanlage, befindet sich der Wildpark. Auf dem 25 ha großen Gelände gibt es Yaks, Hirsche, Wildschweine, Luchse, Gemsen, Mufflons und viele andere Tierarten zu sehen.
Im nahegelegenen Irgenöd (Wegweiser beachten) befindet sich Süddeutschlands größter Vogelpark mit 1500 Vögeln in über 200 Arten.
In Jaging, einer kleinen Ortschaft, die man über Unter-/Oberiglbach erreicht, befindet sich das »Aquarium«. Das Meerwasseraquarium von Lühr Coenen zeigt den ganzen Reichtum der Unterwasserwelt. Zu sehen sind Fische aus allen Meeren, Süßwasserfische, sogar Alligatoren.
In und um Ortenburg laden zahlreiche Gasthäuser und Cafés zum gemütlichen Essen und zur deftigen Brotzeit ein, vielleicht auch mit einem Glas Most (= vergorener Apfelsaft).

Öffnungszeiten:
Heimatmuseum von
1. April-1. Nov.
tägl. 10.00-18.00 Uhr

Wildpark
Von 1. April-1. Nov.
tägl. 9.00-19.00 Uhr

Vogelpark
Von 1. April-1. Nov.
tägl. 9.00-19.00 Uhr

Aquarium ganzjährig
tägl. von 10.00-18.00 Uhr

Einkehr für die Seele

Parzham

Von Griesbach nach Parzham (ausgeschildert) zum Geburtshaus des Hl. Bruder Konrad.

Anfahrt ca.

2 km

Geburtshaus des Hl. Bruder Konrad

Durch das Gedenken an den 100. Todestag († 21.4.1984), wurde die sowieso schon bekannte Geschichte des einfachen Bauernsohnes Johannes Birndorfer wieder verstärkt ins Bewußtsein gerufen. Auf dem Venushof 1818 als elftes von zwölf Kindern geboren, verspürte Johannes schon früh seine Berufung. Oft machte er Fußwallfahrten in 30 km entfernte Passau nach Mariahilf, nach Aigen (25 km) oder zur Wallfahrtskirche St. Anna bei Ering am Inn (25 km). Mit 31 Jahren sollte er den elterlichen Hof übernehmen. Er verzichtete jedoch auf sein Erbe, trat in Altötting ins St. Anna Kloster ein und verschenkte die 20000

Öffnungszeiten:
1. März-31. Okt.
Mo.-Sa. 9.00-18.00 Uhr
Sonntag 11.00-18.00 Uhr

Goldmark Erbteil an die Armen, an die Pfarrei für die Erweiterung des Friedhofes in Weng, an die Diaspora und an die Weltmission.
41 Jahre verrichtete er im St. Anna Kloster den Dienst als Pförtner, seine Schlichtheit und Hilfsbereitschaft machten ihn weithin berühmt. Mit seiner Heiligsprechung am 20. Mai 1934 durch Papst Pius XI. hat der Bauernsohn aus dem Rottal in der Bevölkerung seine besondere Verehrung gefunden.
Der Venushof, seine Heimat ist heute ein beliebtes Reiseziel, er wird vom »Bruder Konrad-Verein Parzham e. V.« unterhalten. Im Museum werden Bilder über das Leben des Heiligen und christliche Bräuche des Rottals gezeigt. Zu sehen sind auch Dokumente und Briefe des Heiligen. Das Inventar stammt zum größten Teil aus der Mitte des letzten Jahrhunderts. Die in der Schlafkammer des Heiligen ausgestellten Möbel sind z. T. original. Beim Hofeingang stehen die überlebensgroßen Figuren des Hl. Wolfgang († 994) und des Hl. Konrad (1894). Das Kreuz ist eine Arbeit von Dominikus Dengl aus Malching.

1. Nov.-28. Febr.
Mo.-Sa. 9.00-16.00 Uhr
Sontag 11.00-16.00 Uhr
Führungen anmelden
Tel. 08532/2311

Zu Besuch im 2000-jährigen

Passau

Von Griesbach auf der B 388 nach Passau über die BAB (ausgeschildert)

Passau, die Stadt an den drei Flüssen Donau, Inn und Ilz ist immer einen Besuch wert. Der Weltreisende Alexander von Humboldt war einst so beeindruckt von ihr, daß er sie als eine der sieben schönsten Städte der Welt bezeichnete.
Die Geschichte Passaus beginnt mit der Besiedelung des Donauraumes (5000 v. Chr.). 700 v. Chr. entstand die Keltensiedlung Boiodurum und 50 v. Chr. befand sich an der Stelle des heutigen Klosters Niedernburg eine römische Zollstation. Um 700 n. Chr. war Passau bajuwarischer Herzogshof, 739 Bistum. 1199 ließ Bischof Wolfger das Nibelungenlied aufschreiben. 1217 wurde Passau die Hauptstadt des flächenmäßig größten aller Fürstbistümer. 1219 wurde die Veste Oberhaus erbaut. 1501 gab es neben 1954 die größte Hochwasserkatastrophe, 1662 und 1680 zerstörten Brände große Teile der Stadt. 1676 war Kaiserhochzeit in Passau, Leopold I. heiratete Herzogin Eleonore, und 1862 war Kaiserin Elisabeth (Sissi) in Passau.

Anfahrt ca.

35-38 km

Eine der sieben schönsten Städte der Welt
Dreiflüssestadt Donau, Inn, Ilz

Nibelungenstadt

Barocker Dom
Baumeister: Carlo Lurago
Künstler: Giovanni Battista Carlone, Carpoforo Tencalla...

Von 1924 bis 1928 wurde die größte Kirchenorgel der Welt in Passau errichtet. 1952 fanden die ersten Europäischen Wochen statt, 1978 wurde der Lehrbetrieb an der Universität aufgenommen.

Sehenswürdigkeiten:

An der höchsten Stelle der Altstadt, 13 m über der Donau, steht der Dom St. Stephan. Der ursprünglich gotische Dom, auf dem frühromanischen erbaut, wurde nach den Brandkatastrophen von 1662 und 1680 im barocken Stil wiederhergestellt (1668-1693). Baumeister war Carlo Lurago aus Pellio im Intelvital, der Stuck stammt von Giovanni Battista Carlone, die Fresken malte Carpoforo Tencalla. Die Altarbilder sind u. a. von Johann Michael Rottmayr, Johann Andreas Wolff, Johann Karl Resler. Die prunkvolle Kanzel (1726 aus Wien) wird Georg Raphael Donner zugerechnet. Im Dom befindet sich die größte Kirchenorgel der Welt, fünfmanualig mit 231 klingenden Registern und 17388 Pfeifen.
Auf dem Weg zum Rathaus können Sie in der Bischöflichen Residenz das reizvolle Rokoko-Treppenhaus besichtigen.
Die gotische Fassade des Rathauses stammt aus dem 15. Jh., der neugotische Turm wurde 1889-1891 wieder erbaut. Im Großen Rathaussaal befinden sich die Kolossalgemälde, Einzug Kriemhilds in Passau, eine Szene aus der Nibelungensage, und gegenüber die prunkvolle Kaiserhochzeit Leopolds I. von Österreich mit Eleonore von Pfalz-Neuburg, Werke des Passauer Historienmalers Ferdinand Wagner. Dem Rathaus gegenüber ist das Hotel Wilder Mann mit dem Passauer Glasmuseum, das Friedrich Dürrenmatt als das »Schönste Glashaus der Welt« bezeichnete. Über der Donau thront auf dem Georgsberg der Veste Oberhaus, einst Residenz der Fürstbischöfe. Heute beherbergt die ehemalige Trutzburg das kulturgeschichtliche Museum und die Neue Galerie der Stadt Passau. Gerne wird es schönstgelegenes Museum Deutschlands genannt. Von Oberhaus haben Sie einen herrlichen Blick auf die drei Flüsse.
An der Fritz-Schäffer-Promenade (gegenüber dem Rathaus) befinden sich die Schiffsanlegestellen. Hier beginnen die Dreiflüsserundfahrten, die Passau als das »bayerische Venedig« präsentieren.

Größte Kirchenorgel der Welt

Orgelkonzerte im Dom Mitte Mai-Mitte Okt. werktags 12.00-12.30 Uhr, donnerstags 19.30 Uhr

Glasmuseum:

»Das schönste Glasmuseum der Welt«

tägl. 10.00-17.00 Uhr

Oberhausmuseum:

»Schönstgelegenes Museum Deutschlands«

April-Oktober täglich (außer Mo.) 9.00-17.00 Uhr, Freitag 9.00-19.00 Uhr Februar geschlossen

Domschatz- und Diözesanmuseum

Öffnungszeiten: Mai-Okt. sowie zw. Weihnachten und Hl. 3 König und in der Woche nach Ostern, tägl. außer Sonn- u. Feiertage von 10.00-16.00 Uhr

Großer Rathaussaal

täglich Ostern bis 15. Mai 10.00-16.00 Uhr, 16. Mai bis 30. Sept. 10.00-17.00 Uhr, 1-31. Okt. 10.00-16.00 Uhr

Römermuseum Kastell Boiotro

Öffnungszeiten: März bis Nov. (Winter geschlossen), Di.-So. 10.00-12.00 Uhr und 14.00-16.00 Uhr. Juni-Aug. 10.00-12.00 und 13.00-16.00 Uhr.

ILZ

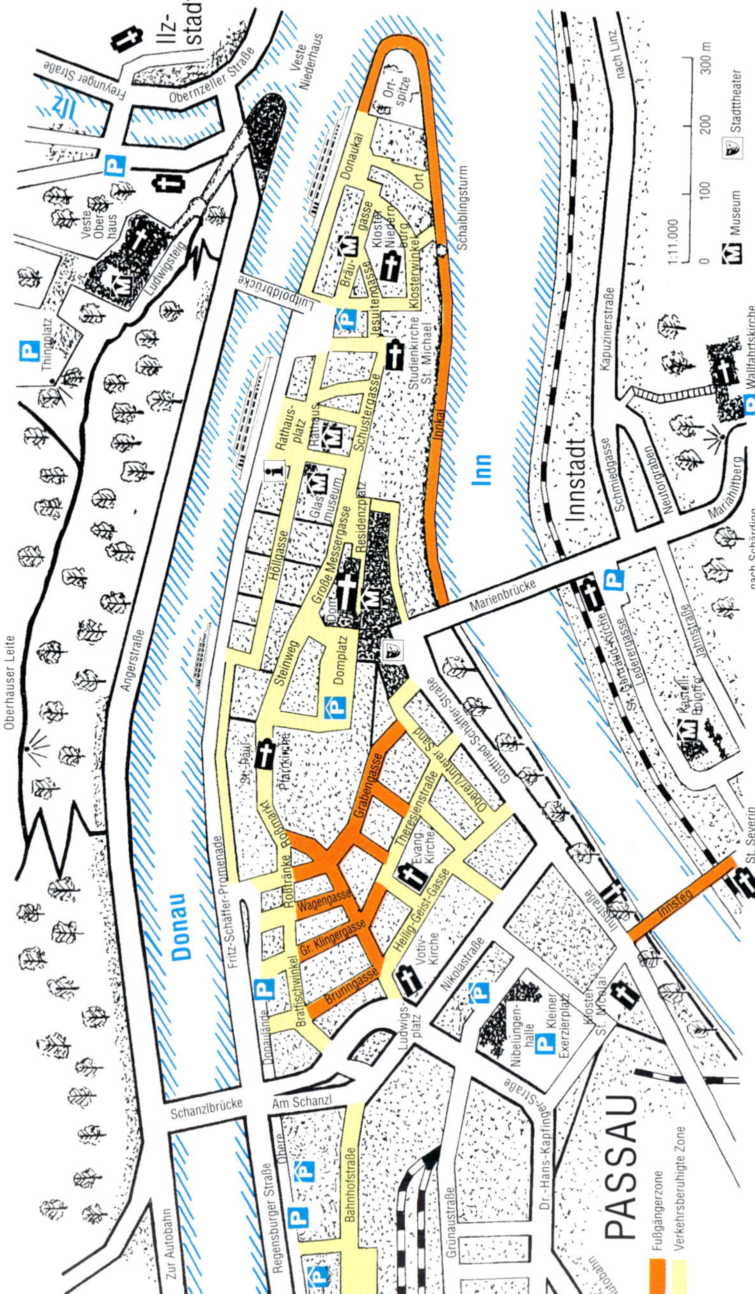
PASSAU
Donau
Inn
Ilz
Ilzstadt
Innstadt
Oberhauser Leite
Angerstraße
Zur Autobahn
Schanzlbrücke
Am Schanzl
Regensburger Straße
Obere Donaulände
Bahnhofstraße
Grünaustraße
Dr.-Hans-Kapfinger-Straße
Fritz-Schäffer-Promenade
Luitpoldbrücke
Veste Oberhaus
Ludwigsteig
Thingplatz
Freyunger Straße
Obernzeller Straße
Veste Niederhaus
Ortspitze
Donaukai
Bräugasse
Kloster Niedernburg
Ort
Schaiblingsturm
Klosterwinkel
Jesuitengasse
Studienkirche St. Michael
Innkai
Schustergasse
Rathausplatz
Rathaus
Glasmuseum
Residenzplatz
Höllgasse
Große Messergasse
Dom
Steinweg
Domplatz
St. Paul
Pfarrkirche
Roßmarkt
Roßtränke
Wagengasse
Gr. Klingergasse
Bratfischwinkel
Brunngasse
Grabengasse
Theresienstraße
Evang. Kirche
Heilig-Geist-Gasse
Votivkirche
Ludwigsplatz
Nikolastraße
Nibelungenhalle
Kleiner Exerzierplatz
Kloster St. Nikolai
Innstraße
Innsteg
St. Severin
Gottfried-Schäffer-Straße
Oberer/Unterer Sand
Marienbrücke
St. Gertraud-Kirche
Lederergasse
Kastell Boiotro
Jahnstraße
nach Schärding
Mariahilfberg
Neutorgraben
Schmiedgasse
Kapuzinerstraße
Wallfahrtskirche Mariahilf
nach Linz
Zur Autobahn
1:11.000
0 100 200 300 m
Museum
Stadttheater
Fußgängerzone
Verkehrsberuhigte Zone

Alljährlich finden zwischen Juni und August die vielbeachteten internationalen Festspiele »Europäische Wochen Passau« mit Opern, Operetten, Schauspielen und Konzerten statt.

Museum Moderner Kunst Stiftung Wörlen

Öffnungszeiten: außer Montag tägl. von 10.00-18.00 Uhr

Ein paar Superlative

Pfarrkirchen

Von Griesbach auf die B 388 nach Pfarrkirchen (ausgeschildert)

Pfarrkirchen, »Pharrachiricha« wie es in einem Dokument genannt wird, ist urkundlich bereits im 9. Jh. erwähnt. Der Ort wurde anfänglich von den Passauer Bischöfen gefördert, bis im 13. Jh. die Wittelsbacher die Herren des Rottals wurden. 1317 erhielt Pfarrkirchen die Marktrechte. 1862 wurde es von König Maximilian II. zur Stadt erhoben.
1550 wurde die Stadt befestigt, mit Wall, Wassergraben und Stadtmauern mit Türmen umgeben. Heute ist Pfarrkirchen die einzige Stadt Niederbayerns, deren historischen Kern man auf dem alten Wall der Stadtbefestigung umwandern kann.
Zu den Sehenswürdigkeiten gehört der alte Stadtplatz, typisch für Niederbayern, verwandt mit dem Inn-Salzach-Stil, die Stadtpfarrkirche St. Simon und Judas Thaddäus, ihre Anfänge gehen ins 13./14. Jh. zurück. Vom barocken Hochaltar (1660) von Johann Christoph Bendl sind nur mehr die Figuren der hl. Maria und des hl. Johannes (Altar, südliches Seitenschiff) erhalten.

Anfahrt ca.

24 km

Wandern auf dem alten Stadtwall, der Ringallee um den ehemaligen Stadtkern.

Älteste Trabrennbahn Deutschlands

Heimatmuseum

Öffnungszeiten: 15. 3.–5. 11. Di.–Fr. 14.00–16.00, So. u. Feiertage 14.00–16.00 Uhr

Modellbahnzentrum

geöffnet: ganzjährig
täglich von 9.30-19.30 Uhr
Montag (außer Feiertag) geschlossen

Seit 1966 befindet sich auf dem Stadtplatz das »Wimmerroß«, in Erinnerung an die Rottaler Pferde vom Pfarrkirchner Bildhauer Hans Wimmer geschaffen. Auf der Trabrennbahn von Pfarrkirchen, übrigens der ältesten in Deutschland, finden noch immer Pferderennen statt, so seit 1896 alljährlich am Pfingstdienstag das »Bayerische Zuchtrennen«. Die besten in Bayern rein gezogenen Dreijährigen kämpfen dann um den Sieg.
Des weiteren gibt es ein Heimatmuseum. Im Modellbahnzentrum befindet sich eine 30-m-Schauanlage aus dem weltbekannten Atelier von Bernhard Stein.
Und noch ein Rekord. In Pfarrkirchen befindet sich, so steht's im Guinness-Buch der Rekorde, die kleinste Weißbierbrauerei der Welt.

Kleinste Weißbierbrauerei der Welt.

Schäfflerstr. 10
geöffnet: So ab 18.00 Uhr
Mi., Do., Fr. ab 17.00 Uhr
Mo., Di. u. Sa. Ruhetag

Zum Innkloster
Reichersberg

Von Griesbach über Rotthalmünster - Bad Füssing - Obernberg nach Reichersberg

Anfahrt ca.

29 km

Seit über 900 Jahren besteht nun das Stift Reichersberg, 1084 wurde es von dem Edlen Wernher von Reichersberg gegründet. Es ist das einzige der einstigen Klöster an Inn und Salzach, das alle Bedrängnisse und Schick-

Paß nicht vergessen!

Über 900jähriges Chorherrenstift

sale der Zeit überstanden hat. Obwohl es in der Diözese Passau lag, gehörte es als Eigenkloster nach Salzburg.
Nach dem vernichtenden Brandunglück 1624 wurde zunächst die Stiftskirche neu erbaut. In der barocken Baufreude entstand der äußere Stiftshof, jedem Besucher augenscheinlich ist dort der Marmorbrunnen mit der bekrönenden Figur des Stiftspatrons St. Michael, ein Werk von Thomas Schwanthaler. Der Münchner Hofmaler Christian Wink vollendete 1778/79 den Freskenschmuck der Kirche. Eindrucksvoll sind auch die Bibliothek, der Arkadengang und das Schwanthalermuseum. In Reichersberg wirkten so bekannte Künstler wie Joseph Matthias Götz, Joh. Bapt. Modler, Franz Ignaz Holzinger oder Carlo Antonio und Giovanni Battista Carlone. Im Kloster finden alljährlich Konzerte internationaler Künstler und interessante Kunstausstellungen statt, zudem gibt es ein vielfältiges Kursangebot.
Bekannt ist Reichersberg auch für den Prälatenwein, der noch heute den Gästen im Stiftskeller bzw. im Biergarten (am Eingang des Klosters) zu einem guten Essen oder einer Jause (Brotzeit) serviert wird. Hier gibt's auch frischgebackene Salz- und Mohnstangerl.

Künstler: Thomas Schwanthaler, Christian Wink, Joseph Matthias Götz, Joh. Bapt. Modler

Kirche ganzjährig geöffnet

Führungen durch Kirche und Stift.

Täglich (zwischen Ostern und Allerheiligen) um 15.00 Uhr

Stiftskeller:
Mai - Sept. Mo. Ruhetag
Okt.-April Mo. u. Di. Ruhetag

Zu den Siebenschläfern von

Rotthof

Von Griesbach auf der B 388 Richtung Passau Abzweigung Rotthof.

Anfahrt ca.

14 km

Hier auf einer kleinen Anhöhe steht das spätgotische Siebenschläferkirchlein aus dem Jahre 1494.
In der Barockzeit entwickelte sich hier eine einzigartige Wallfahrt zu den Hl. Siebenschläfern.

Ehemalige Wallfahrtskirche zu den Siebenschläfern

Der Ursprung dieser Heiligenlegende liegt im syrischen Raum und war auch im Islam verbreitet. So wird berichtet, daß unter Kaiser Decius (249-251), zur Zeit der Christenverfolgung sieben junge Männer sich in Ephesus nach der Taufe in einer Höhle versteckt hielten. Decius ließ den Eingang zumauern und als man 187 Jahre später die Steine entfernte gab Gott den sieben wieder das Leben und es war ihnen, als hätten sie nur eine Nacht geschlafen, so galten sie als Zeugen der Auferstehung.
Diese Wallfahrt verdankt die Kirche auch die Ausgestaltung. Hier schuf Johann Baptist Modler aus Kösslarn Altäre und Kanzel von einmaliger Schönheit. Die kunstvolle Rokokoausgestaltung zählt zu den orginellsten Werken des Meisters, angespornt durch die Siebenschläferlegende kam sein künstlerisches Wirken voll zum Ausdruck. Die Malereien an Rippen und Gewölben stammen aus der Erbauungszeit. Das Weihwasserbecken besteht aus verschiedenen Fundstücken aus der Römerzeit.
Rückfahrt: ev. über Tettenweis, Besuch des Geburtshauses von Franz von Stuck, den Begründer des Jugendstils.

Künstler: u. a. Johann Baptist Modler

Tip: Rückfahrt über Tettenweis, dem Geburtsort Franz v. Stuck, Begründer des Jugendstils. Geburtshaus Am Kirchplatz 4

Täglich geöffnet von 14.00-16.30 Uhr außer Montag

Zum »Schlampigen Engel« von

Sammarei

Von Griesbach Richtung Ortenburg - vor Ortenburg Abzweigung Sammarei (ausgeschildert).

Anfahrt ca.

11 km

Der Name Sammarei, eine volkstümliche Abwandlung von Sankta Maria (Heilige Maria) = Sankt Marei = Sammarei, weist auf einen Marienwallfahrtsort hin. Das besondere ist aber, daß sich in der Kirche eine Holzkapelle (1521 erbaut) befindet. 1300 Votivbilder aus vier Jahrhunderten sind Zeugen tiefer Volksfrömmigkeit.
Und so kam die Kapelle in die Kirche: Als 1619 der neben der Kapelle stehende Bauernhof abbrannte, blieb das Gotteshäuschen unversehrt. Ein in der Nähe stehender Apfelquittenbaum fing, obwohl versengt, wieder zu blühen an, und trug herrliche Früchte. Als Geschenk gingen sie an Kurfürstin Elisabeth, der Gemahlin Maximilians, die sich zum Dank für die wohlschmeckenden Früchte für den Bau der Wallfahrtskirche einsetzte.
Die lichte frühbarocke Kirche, 1631 vollendet, wird vom monumentalen Hochaltar, von Jakob Bendl, beherrscht. Die Holzplastiken St. Georg und St. Martin gelten als Meisterwerke frühbarocker Kunst, ergänzt werden sie von der »Sammareier Krippe«, der ältesten und wertvollsten Krippendarstellung im

Alte Marienwallfahrt
Über 1300 Votivbilder aus 4 Jahrhunderten

Sammareier Krippendarstellung

Gnadenbild ähnlich der Mariendarstellung Lucas Cranachs

süddeutschen Raum. Entdecken Sie aber auch den »Schlampigen Engel«, denn nur wer ihn gesehen hat, dem glaubt man, daß er in Sammarei war.

Zur zweitältesten Barockkirche Bayerns

St. Salvator

Von Griesbach Richtung Ortenburg Abzweigung St. Salvator.

Anfahrt ca.

6 km

Am Rande des Steinkarts liegt das ehemalige Prämonstratenserkloster St. Salvator, 1289 von den Brüdern Friedericus und Bernardus Berengari gegründet, 1632 durch einen Brand völlig zerstört, wurde hangaufwärts auf »besserem Boden« das jetzige Kloster neu erbaut, ehe es 1703 erneut abbrannte.

Ehemaliges Pämonstratenserkloster

St. Salvator besitzt die zweitälteste Barockkirche Bayerns. Die ursprüngliche Bausubstanz von 1633-1644 wurde in den folgenden Jahrzehnten den Stilepochen entsprechend vollendet.

zweitälteste Barockkirche in Bayern

Joseph Deutschmanns überlebensgroße Figuren des hl. Augustinus und des hl. Norbert können ebenso besichtigt werden wie die Deckenfresken von Anton Rauscher oder das Chorgestühl und die Beichtstühle von Wenzel Jorhan.

Künstler: Josef Deutschmann, Wenzel Jorhan, Anton Rauscher

Vielleicht stimmt auch eine Überlieferung, die besagt, daß hier das berühmte Fastenstarkbier »Salvator« erstmals gebraut und nach München geliefert wurde.

Hier wurde wohl erstmals das »Salvator Bier« gebraut

Seit der Säkularisation ist das Kloster in Privatbesitz, das Gotteshaus wurde Pfarrkirche. Gasthof am Ort.

In die Barockstadt

Schärding

Von Griesbach auf der B 388 Richtung Passau - auf der B 12 Richtung Neuhaus-Schärding.

Die Barock- und Kneippkurstadt im nahegelegenen Österreich wird 804 n. Chr. erstmals urkundlich erwähnt. Dem Brückenbau über den Inn (1310) folgten 1316 die Stadterhebung und viele Privilegien durch die Bayernherzöge. Schärding gehörte bis 1779 zu Bayern. Der Handel auf dem Inn mit Salz, Erz, Marmor, Holz, Wein, Getreide, Vieh . . . brachte der Stadt großen wirtschaftlichen Aufschwung, bis die Innschiffahrt durch die Eisenbahn verdrängt wurde. 1892 gründete Dr. Otto Ebenknecht die Kneippsche Kaltwasser-Kuranstalt.
Sehenswert sind in Schärding die kath. Pfarrkirche St. Georg, 1350-1360 erbaut und 1720-1727 barockisiert, die Kurhauskirche (17. Jh.), die evang. St. Sebastiani-Kirche (1640), das Stadtmuseum im ehemaligen Burgtor, das Linzer Tor an der Linzer Straße, der St. Georgs-Brunnen (1607), das Wassertor mit Pranger und natürlich die Stadtplätze.
In Schärding gibt es die Möglichkeit zu einer wildromantischen Innschiffahrt. Die Abfahrt liegt an der Passauer Straße. Schärding ist bekannt für seine gastfreundliche Küche, hier finden Sie hervorragende Hotels, ausgezeichnete Restaurants, Gasthöfe, Café-Konditoreien.

Anfahrt ca.

25 km

Paß nicht vergessen!

Barock- Kneippkur-Stadt
Herrliche Marktplätze

Innschiffahrt:
April-Oktober tägl. (außer Mo.) ab 14.00 Uhr
ab 1. Mai zusätzlich 16.00 Uhr
Sonn- und Feiertage zusätzlich ab 11.00 Uhr

Stadtmuseum:
Öffnungszeiten:
Di. und Mi. von 15.00-17.00 Uhr
Do., Fr., Sa. und So. von 10.00-12.00 Uhr

Wo Himmel und Erde sich berühren

Schildthurn

Von Griesbach auf der B 388 Richtung Pfarrkirchen vor Brombach Richtung Triftern - Zimmern - Tann - Schildthurn.

Der herrliche gotische Turm der Wallfahrtskirche St. Ägidius, um 1530 fertiggestellt, ist ein großartiges Zeugnis dieser Bauepoche. Mit seinen 78 m gilt der Turm als höchster Dorfkirchturm der Welt. Seit jeher wurde hier der Bauernheilige St. Leonhard verehrt, und noch heute ist der Ort jährliches Ziel des Leonhardirittes, bei dem nach altem Brauch um den 6. November die Pferde gesegnet werden. Weithin sichtbar der über 78 m hohe Kirchturm, der als höchster Dorfkirchturm der Welt gilt.

Anfahrt ca.

45 km

Höchster gotischer Dorfkirchturm der Welt.

Alte Leonhardi-Wallfahrt

Gotisches Kleinod abseits des Weges

Taubenbach

Von Griesbach nach Rotthalmünster - Simbach Richtung Altötting bei Mehlhäusl Abzweigung auf B 20 Richtung Eggenfelden Abzweigung Taubenbach.

Jeden Besucher mag dieses gotische Kleinod überraschen. Hier wird der hl. Alban verehrt. Von einer Mittelmeerinsel stammend, kam er nach Mainz, wo er später den Märtyrertod erlitt. Einer alten Sage nach sollen die drei Heiligen Alban, Wolfgang und Leonhard, deren Abbilder heute am Hochaltar zu sehen sind, einst an die abgelegene Stelle gekommen sein, wobei Alban blieb. Die

Anfahrt ca.

45 km

Gotische Kirche

Albaniwallfahrt

Albanischädel - Fruchtbarkeit für Haus, Hof und Weib

besondere Kultform der Albaniwallfahrt in Taubenbach erzählt vom »Albanischädel«, einem sogenannten Kopfdreier, in dem drei verschiedene Getreidesorten zur Fruchtbarkeit für Haus, Hof und Weib, später für Kopfleiden, dargebracht wurden. Albanischädel werden heute noch im Pfarrhof gezeigt. Beeindruckend ist der gotische Kirchturm. Der gotische Innenraum der Kirche wird von Barock ausgefüllt. Der Hochaltar ist ein Werk der Brüder Martin und Michael Zürn. Der Pfarrhof aus der spätgotischen Zeit ist der älteste in der Diözese Passau. Seit 1989 ist der Albanibrunnen mit dem heilbringenden Wasser wieder erneuert.

Ältester Pfarrhof der Diözese Passau

Albanibrunnen

So war einst das Leben im Bayerischen Wald

Tittling

Von Griesbach über Fürstenzell - BAB 3 - Aicha vorm Wald nach Tittling (ausgeschildert)

Der Markt Tittling im vorderen Bayerwald, landschaftlich schön gelegen, ist die Heimat von Rotel Tours, dem Veranstalter »Die größten Busreisen der Welt«. Im Dreiburgenland, Saldenburg, Englburg, Fürstenstein, liegt nahe dem Markt der Dreiburgensee. Hier steht eine der Attraktionen Ostbayerns, das Museumsdorf Bayerischer Wald. Es zeigt die historischen Bauformen der »Waldler« zwischen dem 17. und 19. Jh. In 50 bäuerlichen Anwesen mit gut 100 Objekten werden 38 000 Sammelstücke bäuerlicher Volkskunst, Gerätschaften, aber auch komplette Werk-

Anfahrt ca.

48 km

Museumsdorf Bayerischer Wald
50 bäuerliche Anwesen
38 000 Ausstellungsstücke

Öffnungszeiten
Winter: 1. Nov. - Palmsonntag Einlaß durch Automateneingang
Sommer: Palmsonntag bis 31. Okt. Museumsgebäude und Ausstellung, tägl. 9.00-17.00 Uhr

zeugsammlungen von mehr als 40 Handwerksberufen gezeigt. Hier kann auch die älteste Volksschule Deutschlands besichtigt werden. Nach einem Rundgang durch das weitläufige und naturnahe Gelände lädt das Gasthaus Mühlhiasl mit bayerischen Schmankerln zur Stärkung ein. Im Museumsdorf war auch schon Neil A. Armstrong, der erste Mensch auf dem Mond, zu Gast.

Gasthaus Mühlhiasl
tägl. 9.00-17.00 Uhr Fr. Sa. 9.00-23.00 Uhr

Romantik am Inn

Vornbach

Anfahrt ca.

24 km

Von Griesbach auf der B 388 Richtung Passau - B 12 Richtung Neuhaus - Neuburg Abzweigung Vornbach (ausgeschildert)

Altes ehemaliges Benediktinerkloster

Kirche im frühen Rokokostil

Hier in der Nähe von Neuburg hat der Überlieferung nach Himiltrude, eine Tochter des Grafen Heinrich von Formbach um 1040 ein kleines Kloster errichten lassen. Aus der ersten Mönchszelle wurde ein einst angesehenes Benediktinerkloster, das bis zur Säkularisation (1803) Bestand hatte.
Als berühmteste Söhne des Klosterorts gelten der Humanist und Geschichtsschreiber Abt Angelus Rumpler (im Amt von 1501-1513) und Franz von Paula Schrank, der hier am 21. August 1747 geboren wurde. Noch heute erinnert am Mauthaus (auf dem Weg zur Kirche) eine Geburtstafel an den bedeutenden Botaniker und Gründer des alten botanischen Gartens in München.
Das Kloster ist heute zum Teil Pfarrhof, zum anderen Teil Privatbesitz. Die Kirche ist Pfarrkirche geworden. Abt Benedikt Hepauer (1624-1645) hatte sie unter Einbeziehung der romanischen, in der Gotik erhöhten Außen-

mauern im Barockstil umbauen lassen. Als Architekt wird Michael Schneidmann aus Passau genannt. Abt Clarus Faßmann holte den Stukkateur Josef Holzinger aus Schörfling am Attersee zur Ausgestaltung nach Vornbach. Der Zyklus der mariologischen Deckenfresken stammt von
Innozenz A. Warathy. Daneben waren noch J. Modler, Josef Bergler und J. B. Kapeller in Vornbach tätig. Ein besonderer Genuß ist es, wenn in der hellen und anmutig wirkenden Kirche die alte Egedacher Orgel erklingt.
In der einstigen Pfortenkirche (heute Friedhofskirche) wurden bei der Renovierung (1976-78) herrliche Fresken aus dem 15. Jh. freigelegt.
Wer Zeit hat dem sei eine lohnende Wanderung auf dem linken Innufer in Richtung Passau empfohlen.
Cafes und Gaststätten am Ort.

Geburtsort Franz von Paula Schranks, Erbauer des alten botanischen Gartens in München

Romantische Wanderung am Inn entlang

Zur Heimatkirche des hl. Bruder Konrad

Weng

Von Griesbach über Parzham nach Weng.

Inmitten des Dorfes am höchsten Punkt steht die alte Pfarrkirche.
Der Chor und der untere Teil des Turmes sind spätgotisch. Von 1712 - 1722 war Domenico Magazini, der Landauer Stadtbaumeister tätig, der das Gotteshaus im barocken Stil baute. Nachdem die Kircheneinrichtung dem Zeitgeschmack zum Opfer fiel, erscheint sie heute im neubarocken Stil. Hier erinnert noch vieles an die Familie Birndorfer aus Parzham, aus der der hl. Bruder Konrad entstammt.
Gastwirtschaft am Ort.

Anfahrt ca.

4 km

Alte Pfarrkirche

Baumeister Domenico Magazini

Inhalt

Die Geschichte Griesbachs	*3*
Die Entstehung »Bad« Griesbachs	*4*
Die Heilkraft des Wassers	*5*
Rund um den Kurplatz	*6*
Golf	*7*
Chronologie zu (Bad) Griesbach	*8*
Das Rottal – eine alte Kulturlandschaft	*8*
Aldersbach	*10*
Altötting	*11*
Asbach	*13*
Eggenfelden	*14*
Fürstenzell	*15*
Grongörgen	*16*
Holzham	*17*
Hölzlberg	*17*
Kößlarn	*18*
Langwinkl	*19*
Massing	*20*
Obernberg a. Inn	*22*
Obernzell	*23*
Ortenburg	*24*
Parzham	*25*
Passau	*26*
Passau – Stadtplan	*30*
Pfarrkirchen	*31*
Reichersberg	*32*
Rotthof	*34*
Sammarei	*35*
St. Salvator	*36*
Schärding	*37*
Schildthurn	*38*
Taubenbach	*38*
Tittling	*39*
Vornbach	*40*
Weng	*41*